बाल मनुहार

बाल मनुहार

प्रकाशक :
Notion Press Inc.
800, West El Camino Real 180
California, USA 94040

संपादक :
Pranti India
495, Purani Bajar, Bagaura
Siwan, Bihar, INDIA 841404

मुद्रक :
Notion Press Media Pvt Ltd
7, Red Cross Road, Egmore
Chennai, Tamil Nadu, INDIA 600008

© लेखक

प्रथम संस्करण 2022
पुनः मुद्रण 2023

संपादकीय

"फानी से जो बना दे लाफानी, यही है बाल दिवस की अमिट कहानी।"
बच्चे होते दिल के सच्चे, गुणचा गुणचा जाने है, हर घर की रौनक हैं बच्चे, तभी तो बाल दिवस मनाते हैं। हर साल 14 नवम्बर को बाल दिवस मनाया जाता है, बच्चे न तो अतीत हैं, न वर्तमान अपितु भविष्य में खिलने वाले फूल, जिनके सुगन्ध से महक उठेगा भारत का उपवन, बाल दिवस केवल बच्चों के प्रति प्रेम प्रदर्शित करना नहीं है बल्कि उनकी भावनाओं का कद्र करते हुए सही मार्ग पर ले जाना हम सबकी जिम्मेदारी है। यही बच्चे अच्छा और सच्चा नागरिक बनकर देश की सेवा के साथ साथ माता पिता के बुढ़ापे का सहारा बनते हैं।

कांटों में उलझा हुआ है मेरे दिल का ख्वाब,
हर घर का बच्चा बच्चा है खिलता हुआ गुलाब।"

बाल दिवस मनाना एक धार्मिक पर्व की तरह है जो वर्तमान के साथ साथ भविष्य को भी संवारता है। बाल दिवस राष्ट्रीय पर्व की तरह मनाया जाना चाहिए। सभी बच्चे अच्छे संस्कार में पलकर नाम रौशन करें। यही प्रान्ति इंडिया की ओर से शुभकामना है...

"राह दिखाओ बच्चों को, जो हैं भारत की तकदीर।
कली से कब फूल बनेंगे, सफल होगी तदबीर।"

भोला शरण प्रसाद
सदस्य, प्रान्ति इंडिया

हम बच्चें

हम बच्चें,
मन के सच्चे।
अक्ल से थोड़े,
हम है कच्चे।।

मम्मा-पापा,
प्यारे-प्यारे।
लाते खिलौने,
न्यारे-न्यारे।।

कहती मम्मा,
आंख के तारे।
चलो खरीदूं,
ढेरों गुब्बारे।।

प्रशांत अमन
छात्र, कक्षा- 3
बगौरा, सीवान
बिहार - 841404

बादल

ल..ल..ल..ल..ल..ल..ल..ल..ल..ल..ल..ल
सर-सर चल रही हैं,ठंडी हवाएं,
रिमझिम बूंदों की पड़ रही हैं फुहारें।

टप-टप बूंदा-बांदी पानी,
बादल क्यों बरसाते हो?
बिन बुलाए मेहमान बनकर,
क्यों तुम आ जाते हो?
ओ बादल जी! ओ बादल जी!
इतनी मनमानी क्यों करते हो जी!

स्कूल की छुट्टियां लगी,हम आए मैदान।
भोले-भाले नटखट हम,क्यों करता तू परेशान?
आंखों से अब हमारे,ना बहाव तुम पानी,
मिट जाएंगे नहीं तो हमारे खेलने की निशानी।।

अंबर की छाती पर क्यों,
तुम इतना शोर मचाते हो?
धूम-धड़ाम ढोल बजा कर तुम,
हमें इतना क्यों डराते हो?
ओ बादल जी! ओ बादल जी!
इतनी मनमानी क्यों करते हो जी!

सोचा था संग मिलकर,कुछ खेल खेलेंगे हम।
नन्हें-नन्हें पंखों से अपने,खूब उड़ान भरेंगे हम।।
बरसा दिया जो तुमने झर-झर मूसलाधार पानी,
टूटें जाएंगे सपने हमारे,रूठेंगे राजा और रानी।

अपने घर के आंगन से तुम,
क्यों हमें आंख दिखाते हो?

बरसा कर आंखों से बिजलियां,
हमें क्यों खूब धमकाते हो?
ओ बादल जी! ओ बादल जी!
इतनी मनमानी क्यों करते हो जी!

सर-सर चल रही हैं,ठंडी हवाएं,
रिमझिम बूंदों की पड़ रही हैं फुहारें।

टप-टप बूंदा-बांदी पानी,
बादल क्यों बरसाते हो?
बिन बुलाए मेहमान बनकर,
क्यों तुम आ जाते हो?
ओ बादल जी! ओ बादल जी!
इतनी मनमानी क्यों करते हो जी!

साहित्यकार
पी.यादव 'ओज'
चौकीपाड़ा, झाड़सुगुड़ा
ओडिशा, भारत

सपना तू अपना सुंदर नैनो का दर्पण

सपना तू अपना सुंदर,नैनो का दर्पण।
खुशियां तू घर की,दिल की तू धड़कन।
तू फूल-सी............... महके-महके,
चिड़ियों-सी............ ...चहके-चहके ..
ओ रानी बिटिया! हमारी रानी बिटिया।
ओ प्यारी गुड़िया! हमारी रानी गुड़िया।

आंखों के आसमां से टूटे न तारे,
बनके चंदा-सी,तू चांदनी बिखेरे।
आरजू यही,..................है अरमां यही,
हस्ती रहे.......... दिल से दुआ भी यही।

लबों की तू मुस्कान मीठी,आंखों की ज्योति।
खुशियों से बह निकले जैसे आंखो से मोती।
तू धूप-सी........... .....बिखरी-बिखरी,
तू सांझ-सी............. निखरी-निखरी।
ओ रानी बिटिया! हमारी रानी बिटिया।
ओ प्यारी गुड़िया! हमारी रानी गुड़िया।

राह तेरी फूल बिछे,कभी चुभे न कांटे।
संग-संग हम चले,वो तेरे कांटे उठाते।
चाहत यही,....... ....है मन्नत यही।
महकती रहे,........दिल से बंदगी भी यही।

आशा भी-विश्वास भी,तू जिंदगी की सांसे।
ख्वाब भी-एहसास भी,तू ही दिन और रातें।
तू झील-सी............... बहती-बहती।
तू कोयल-सी.......... .....मीठी-मीठी।

ओ रानी बिटिया! हमारी रानी बिटिया।
ओ प्यारी गुड़िया! हमारी रानी गुड़िया।

सपना तू अपना सुंदर,नैनो का दर्पण।
खुशियां तू घर की,दिल की तू धड़कन।

साहित्यकार
पी.यादव 'ओज'
चौकीपाड़ा, झाड़सुगुड़ा
ओडिशा, भारत

अभी बचपन है इनका

अभी बचपन है इनका।
नहीं बनाओ मजदूर इनको।।
उम्र पढ़ने की है इनकी।
अभी पढ़ने दो इनको।।
अभी बचपन है इनका।।

हाथ कोमल है इनके।
मासूम चेहरे है इनके।।
शरीर नाजुक है इनका।
खेलने दो अभी इनको।।
अभी बचपन है इनका।।

मत डालो इनपे, भार परिवार का।
सपना चुनने दो इनको, इनके संसार का।।
मजदूरी के लायक, ये अभी नहीं।
इनकी मंजिल, चुनने दो इनको।।
अभी बचपन है इनका।।

बाल मजदूरी, एक महापाप है।
बालविवाह भी, एक अभिशाप है।।
इन फूलों को, अभी खिलने दीजिए।
गृहस्थी में, नहीं बांधों इनको।।
अभी बचपन है इनका।।

साहित्यकार
गुरुदीन वर्मा उर्फ जी.आज़ाद
बारां, राजस्थान, भारत

ऐसा बचपन हो सबका

ऐसा बचपन हो सबका, मेरे मालिक मेरे खुदा।
सभी का हो खिला बचपन, रहे खुशहाल यह सदा।।
ऐसा बचपन हो सबका।।

यह तो तस्वीर है कल की, और तकदीर वतन की।
नहीं करें इनको मायूस, सुने हर बात इनके मन की।।
रोशन बचपन सभी का हो,गम हो कम, खुशी ज्यादा।
ऐसा बचपन हो सबका।।

संवारे उनका भी बचपन, जो कर रहे हैं मजदूरी।
जिनकी रातें है काली, बनी है भूख मजबूरी ।।
मिले इनको भी शिक्षा, आबाद इनके ख्वाब हो सदा।
ऐसा बचपन हो सबका।।

रखो इनको हमेशा दूर, जाति धर्मों के झगड़ों से।
वतन से प्यार सिखाओ, चले ये नेक राहों पे ।।
जुबां पे हो देशभक्ति, बुरे कर्मों से दूर हो सदा।
ऐसा बचपन हो सबका।।

साहित्यकार
गुरुदीन वर्मा उर्फ जी.आज़ाद
बारां, राजस्थान, भारत

बच्चों सम्भल लो तुम

यही है उम्र तुम्हारी, जरा संवर लो तुम।
यह वक्त फिर न आयेगा, बच्चों सम्भल लो तुम।
यही है उम्र तुम्हारी, बच्चों सम्भल लो तुम।।

समझा नहीं है जिसने, वक्त की फरियाद को।
वह रोया है बहुत, याद करके वक्त को।।
मिलता नहीं है कुछ भी, मेहनत किये बिना।
हिम्मत के दम पर, झुका दिया है पहाड़ को।।
बहाकै आज पसीना, किस्मत बना लो तुम।
यह वक्त फिर न आयेगा, बच्चों सम्भल लो तुम।।
यही है उम्र तुम्हारी, बच्चों सम्भल लो तुम।।

हाथों के हिंडोलों पे तुम, न मौज उड़ाओ।
फूलों की सेज छोड़कर, मैदान में आओ।।
किस्मत पे कर भरोसा, तुम न वक्त गंवाओ।
सपनों की दुनिया छोड़कर, तुम होश में आओ।।
सागर को पार करना है, किश्ती सजालो तुम।
यह वक्त फिर न आयेगा, बच्चों सम्भल लो तुम।।
यही है उम्र तुम्हारी, बच्चों सम्भल लो तुम।।

अपने गुरु की बात का, बुरा नहीं मानो।
मां बाप से बड़ा इन्हे, भगवान तुम मानो।।
इनके चरण की रज को छूकर, ज्ञान को पालो।
अपमान नहीं इनका तुम, सम्मान पहचानो।।
अँगुली पकड़कै इनकी, मंजिल को पालो तुम।
यह वक्त फिर न आयेगा, बच्चों सम्भल लो तुम।।
यही है उम्र तुम्हारी, बच्चों सम्भल लो तुम।।

साहित्यकार
गुरुदीन वर्मा उर्फ जी.आज़ाद
बारां, राजस्थान, भारत

ऐसे हँसते रहो

ऐसे हंसते रहो, यूँ हंसाते रहो।
गुनगुनाते रहो, गीत गाते रहो।।
अच्छा लगता है, दिल भी लगता है।
तुम जो हंसते हो, गम भी मिटता है।।
ऐसे हंसते रहो।।

यह गुलशन हंसा है, तुम्हे देखकर।
आसमां भी झुका है, तुम्हे देखकर।।
ये चली है बहारें, तुम्हे देखकर।
यह हुआ है सवेरा, तुम्हे देखकर।।
ऐसे खिलते रहो, यूँ मचलते रहो।
अच्छा लगता है, दिल भी लगता है।।
तुम जो हंसते हो, गम भी मिटता है।
ऐसे हंसते रहो।।

आने वाले कल की, तुम तस्वीर हो।
इस वतन की नयी तुम, तकदीर हो।।
मोड़ दे जो राह, बहते नीर की।
चीर दे जो पहाड़, तुम वो वीर हो।।
मुस्कराते हुए ऐसे बढ़ते रहो।
अच्छा लगता है, दिल भी लगता है।।
तुम जो हंसते हो, गम भी मिटता है।
ऐसे हंसते रहो।।

साहित्यकार
गुरुदीन वर्मा उर्फ जी.आज़ाद
बारां, राजस्थान, भारत

सच्चे सपूत

जिंदगी जादू का पिटारा।
रोज सुबह कितना सुंदर लगता यह संसार सारा।।
बच्चों की आंखों में सदा बसा रहता उनका प्यारा।
देश अंधेरे में जगमगाता ध्रुवतारा।।
सागर के किनारे बहती नदिया की कलकल धारा।
बच्चों की खुशियों में बसा हुआ ईश्वर
का मन जिसने सबका संसार संवारा।।
बच्चे देश समाज के अग्रदूत हैं।
भारत माता के सच्चे सपूत हैं।।

साहित्यकार
राजीव कुमार झा
लखीसराय, बिहार

लालच

रंग बिरंगे गुब्बारे देखे हैं।
खेल खिलौने देखे हैं।।

कहीं उड़ती तितली।
कहीं भालू नाचा करते हैं।।

बच्चे मेले में बहुत कुछ देखें हैं।
लालच करते देखे हैं।।

लालच छोटी छोटी होती है।
मन को प्रसन्न कर देती है।।

हर व्यक्ति उस जीवन को जीया है।
लालच को करीब से देखा है।।

उस लालच की बात निराली है।
कैसी-कैसी मतवाली है।।

लालच पल भर में संतुष्टि दे जाता था।
जो आज नहीं देखने को मिलती है।।

हम सब को यह ज्ञात करा जाता है।
वास्तविकता से परिचित करा जाता है।।

साहित्यकार
डॉ. राम शरण सेठ
छटहाँ, मिर्जापुर (उत्तर प्रदेश)

बच्चों की खुशी

स्वाभाविक होती खुशी है।
बनावट से दूर होती है।।

छोटी छोटी खुशियां।
बड़ी देर तक चलती हैं।।

बच्चों के मन की कहती हैं।
उन्हीं के मन की सुनती है।।

खुशियां कितनी अच्छी है।
मुस्कान कितनी सच्ची है।।

कहीं ज्यादा तो कहीं कम है।
बच्चों की खुशियां हर जगह कम है।।

होड़ लगी पठन-पाठन में।
कम उम्र में आगे बढ़ने की होड़ लगी है।।

खुशियों को यूं ही आने दो।
समय थोड़ी और हो गुजर जाने दो।।

यह दोबारा आता नहीं है।
बच्चों को भाता नहीं है।।

साहित्यकार
डॉ. राम शरण सेठ
छटहाँ, मिर्जापुर (उत्तर प्रदेश)

बचपन की मनुहार

माता-पिता का संसार।
बिना बोले ही पूरा करते
कैसे समझ जाते हैं वो
बच्चे को चाहिए क्या
आकाश है पिता तो
मां है धरणी।
खेल खेल में हाथ-पैर
मारते यही है
बाल मनुहार।
गोद है जैसे मां की
एक राजसिंहासन
पिता की गोद में
बैठ देखे संसार।
बड़े होकर ये बने
गांधी और सुभाष
होनहार बिरवान के
होते चिकने पात।

साहित्यकार
डॉ. राजलक्ष्मी शिवहरे
(उपन्यास लेखिका)

चाचा नेहरू

बच्चों को प्यारे थे
चाचा नेहरू।
बचपन कितना
भोला-भाला।
छल -प्रपंच से
नहीं कोई नाता।
मिट्टी में खेलकूद
ये बड़ा हो जाता।
फिरकी, पतंग है
इनकी साथी।
चाचा नेहरु ने तभी
अपना जन्मदिन
इनसे बांटा।
प्यारे प्यारे राजदुलारों
तुम पर टिका है
भारत सारा।

साहित्यकार
डॉ. राजलक्ष्मी शिवहरे
(उपन्यास लेखिका)

तोता

हरे रंग का सुन्दर तोता
प्यारा सा मनमोहक तोता,
सीताराम दुहराता तोता
सबके मन को भाता तोता।

पिंजरा देख डर जाता तोता
लाल चोंच दिखलाता तोता,
हरी मिर्च को खाता तोता
पंख फैला उड़ जाता तोता।

जामुन पेड़ पर जाता तोता
मीठे गीत सुनाता तोता,
कुतर-कुतर कर खाता तोता
नीले नभ उड़ जाता तोता।

ठुमक-ठुमक कर चलता तोता
कलाकार भी होता तोता,
करना नकल सिखाता तोता
इतराता-इठलाता तोता।

आखेटक से डरता तोता
शेर सी दौड़ लगाता तोता,
कर्कश नहीं सुनाता तोता
तरु कोटर सो जाता तोता।

पैरों से फल खाता तोता
सब्जी खूब चबाता तोता,
मिट्ठू नाम बताता तोता
सुबह-सुबह जग जाता तोता।

तितली रानी

तितली रानी तितली रानी
तितली रानी बड़ी सयानी,
बाग-बगीचे वन-उपवन में
धूम मचाती बनकर रानी।

सुन्दर-सुन्दर कोमल काया
रंग-बिरंगी पंखे वाली,
सबके मन को भाती तितली
जब उड़ती है डाली-डाली।

कभी अचानक से तितली रानी
जब कंधों पर आ बैठ जाती है,
उसकी ओर जरा हाथ बढ़ाओ
पंख फैला झट उड़ जाती है।

रिमझिम-रिमझिम बारिश में
चुपके से तुम छिप जाती हो,
कभी फूल पर कभी कली पर
पंख फैला मंद-मंद मुस्काती हो।

तितली मेरे बगिया में भी
कभी चुपके से तुम आ जाना,
मीठे-मीठे रस को पीकर
बच्चों जैसे मौज मनाना।

कहता कवि 'नरेश निराला'
बच्चों मानो मेरा यह संदेश,
कही भी दिखे तितली रानी
मत पहुँचाओ उन्हें कोई क्लेश।

चंदा मामा

गोल-गोल सा चंदा मामा
लिपटा बैठा थाली में,
आओ मिलकर दूध पिलाएँ
सुंदर सुंदर प्याली में।

जगमग-जगमग जुगनू करती
चमचम करते तारें हैं,
ऊपर बैठे चंदा मामा
हर बच्चे को प्यारे हैं।

जाड़ा गर्मी या बरसात
आसमान में रहते हैं,
साहस, धैर्य, प्रगति के पथ पर
शीतल छाया करते हैं।

दिखता पूरा पूनम रजनी
चांद अमावस छिप जाता,
अन्य दिनों बढ़ता-घटता है
नई सीख है सिखलाता।

साहित्यकार
नरेश कुमार निराला
छातापुर, सुपौल, बिहार

बचपन का जमाना

क्या जमाना था बचपन का
खुशियों का जिसमें खजाना था।
ना सुबहा की कुछ खबर थी
ना शाम का कोई ठिकाना था।
चाहत थी चांद को पाने की
पर दिल तितली का दिवाना था।
स्कूल से थक कर आना था
दोस्तों के साथ खेलने जाना था।
कागज की नाव थी बारिश में
हर मौसम मस्ताना था ।
मां की कहानी थी बचपन में
पिता का डांटना डरावना था।
हम सभी खेल में साथी थे
दोस्ती का रिश्ता भी निभाना था।
दुःख की जुबान ना होती थी
ना कोई जख्मों का पैमाना था।
कोई रोने की वजह ना थी
ना ही हंसने का बहाना था ।
हर शख्स अपना लगता था
तब ना ही कोई बेगाना था ।
अब हो गए हम इतने बड़े
तो पता चला क्या वो जमाना था।
एक जमाना था बचपन का
जिसमें खुशियों का खजाना था।।

साहित्यकार
डॉ. पवन शर्मा
ढाठरथ, हरियाणा

बाल दिन

14 नवंबर को मनाया जाता है...
यह दिवस बच्चों के...
अधिकारों, शिक्षण, और उनके विकास के लिए मनाया जाता है...।।१।।

बच्चों के लिए यह वो दिन हैं...
उनका बेफिक्र होकर हंसना...
उनका अपने मित्रों संग बेफिक्र होकर खेलना...
उनका खेलते समय गिरकर रोना...
मित्रों संग झूठ मूठ का झगड़ा कर...
आपस में कट्टी करना... ।।२।।

और फिर...
बचपन ही पर थोड़ा...
बड़ा होने पर शालेय शिक्षण का पाना...
पढ़ाई की जिम्मेदारी का आना...
कॉलेज की पढ़ाई की जिम्मेदारी... ।।३।।

फिर यौवन का आना...
और बड़ा होना...
फिर शादी का होना...
दफ्तर की जिम्मेदारी...
घर की जिम्मेदारी...
जिम्मेदारियों से मानो दब जातें हैं सब... ।।४।।

कुछ ऐसा लगने लगता है...
मानो अभी तो बाल दिवस शुरू हुए थे...
और...
अपने बच्चों के बाल दिवस में...
शुरू होती है खोज...
अपने बाल दिवस की... ।।५।।

मेरा बचपन, उसका बचपन

बचपन सब का समान नहीं होता...
मेरा बचपन, उसका बचपन...
मैं फ्लैट में रहता हूं...
वो झोपड़े में रहता है...
मेरे पास दर्जनों पोशाक हैं...
उसके पास केवल दो जोड़ी...
मैं स्कूल जाता हूं...
वो स्कूल नहीं जाता...
बारिश का पानी उसके घर आता...
मेरा घर सुख सुविधाओं से भरा...
मुझे नये कपड़े मिलते...
वो मेरे पुराने कपड़े पहनता...
मेरे पिता ऑफिस जाते हैं...
उसके पिता घर में रहते...
मेरी मां घर में रहती...
उसकी मां बर्तन मांजती, झाड़ू पोछा मारती...
मैं भगवान को हाथ जोड़ता...
वो भी भगवान को हाथ जोड़ता...
फिर भी ना जाने क्यों...?
बचपन में इतना फर्क क्यों...?
इसका किसी के पास नहीं जवाब।

साहित्यकार
अच्युत उमर्जी
कोथरुड, पुणे

पूरा हर सपन करो तुम

अगर लक्ष्य पाना चाहो तो जी भर जतन करो तुम।
इस जीवन में मेहनत से पूरा हर सपन करो तुम।।

पाकर दृष्टि बुरा मत देखो दोष न ढूँढो सब में,
पाकर वाणी मधुर कहो खुशियाँ ही बाँटो जग में।
"श्रेष्ठ-आचरण, सादा-जीवन" मूल मन्त्र उन्नति का,
प्रगति शिखर चढ़ना चाहो तो याद रखो पग-पग में।।
जब भी कुछ कहना हो पहले खुद में मनन करो तुम।
इस जीवन में मेहनत से पूरा हर सपन करो तुम।।

मुट्ठी भर बीजों में कैसे छिपा घना जंगल है,
इतना जल लेकर नभ में उड़ता कैसे बादल है।
फूलों में खुशबू तितली में रंग कहाँ से आये,
क्यों सूरज में आग है इतनी क्यों चन्दा शीतल है।।
सब समझो, सीखो-जानो फिर नूतन सृजन करो तुम।
इस जीवन में मेहनत से पूरा हर सपन करो तुम।।

साहित्यकार
आरती चितकारिया 'अशेष'
उत्तराखण्ड माध्यमिक शिक्षा विभाग
देहरादून, उत्तराखंड, भारत

बाल्यकाल

बालक हूं मैं ईश्वर रचित,
सबके मन को कर दूं संचित।।

बिन बातों के बात बनाऊं
समझाने पर नाक बजाऊं,
होठों पर सरसता लिए
सबसे अपनी बात मनवाऊ।

विद्यालय जाने से पहले
बहुत रोऊ और चिल्लाऊ,
ना वर्जन था मां का आंचल
कुछ घंटों के खातिर भी
अब छः छ: घंटे गुरु के साथ बिताऊ।

किताबों का साथ मिला
कलमों से एहसास मिला,
कॉपी से भी दोस्ती कर ली
अब जाकर पूरा क्लास मिला।

अमादा हूं मैं परीक्षा के लिए
या हो बोर्ड या जिंदगी,
अब नहीं विभीषिका किसी से
जब तेरा मुझे साथ मिला।

आने के वक्त भी रोए
जाने के वक्त भी रोए,
मुझे ऐसा प्यार मिला
विद्यालय, जब तेरा द्वार मिला।

बालक हूं मैं ईश्वर रचित,
सबके मन को कर दूं संचित।।

अब तरसता है मन विद्यालय जाने के लिए
वही डांट - डांट कर पढ़ाये जाने के लिए,
सबके साथ खेलने के लिए
मिल बांट कर खाने के लिए
बिना द्वेष के मिल - जूल कर रहने के लिए।

देख तुझे अब आंखें छलक पड़ती है,
बीते दिन में जाने का मन करता है।
फिर से तुझमें ही खो जाने का मन करता है,
फिर से बच्चा बन जाने का मन करता है।।

बालक हूं मैं ईश्वर रचित।
सबके मन को कर दूं संचित।।

सहित्यकार
नेहा चौरसिया
तिनसुकिया, असम, भारत

मेरी निर्वी प्यारी निर्वी

मेरी निर्वी प्यारी निर्वी
चल सपनो में चलते हैं
प्यारे प्यारे खेल खिलौने
सुंदर सपने बुनते हैं
तू तो मेरी राज दुलारी
हम सब की जान है
मेरी सारी दुनिया तुझमे
तू ही मेरी खुशियां है

मेरी निर्वी प्यारी निर्वी
चल सपनो में चलते हैं
परियों की दुनियां में
हम दोनों भी चलते हैं
सुंदर सुंदर बाग बगीचे
सुंदर फूल भी देखेंगे
सुंदर चिड़िया गाए गाने
प्यारी गुड़िया नाच करे

मेरी निर्वी प्यारी निर्वी
चल सपनो में चलते हैं
परियों के संग में खेलें
उनसे कहानी सुनते हैं
चांदी महल में जाकर
सोनपरी से मिलते हैं
संग में उसके खेलें हम
ढेरों बातें करते हैं
मेरी निर्वी प्यारी निर्वी
चल सपनो में चलते हैं

साहित्यकार
नीता झा
रायपुर छत्तीसगढ़

नन्ही निर्वी

नन्ही निर्वी सोई नहीं..
भैया शोर न करना।।
नींद अभी पक्की नहीं..
धीरे धीरे आ जाना।।
प्यारी निर्वी सोएगी तो..
परी रानी आ जाना।।
निर्वी को भी संग लेकर..
चांदीपर्वत ले जाना।।
देखके मन हो जाए खुश..
ऐसी सैर करा जाना।।
सुंदर सुंदर खेल खिलौने..
मीठे गीत सुना जाना।।
मेरी निर्वी खुश कर नाचे..
ऐसी धुन बजा जाना।।
नन्ही निर्वी सो गई अब..
चंदा धीरे छुप जाना।।
अंधियारे से वो डर जाए ना..
तारे सजा कर रख जाना।।

साहित्यकार
नीता झा
रायपुर छत्तीसगढ़

अभियान चलायें

चलो अभियान चलायें।
नदी के प्राण बचायें।।

मरेगीं यदि ये नदियां।
रोएंगीं कितनीं सदियां।।

अगर झरने रूठेंगे।
पेड़ अपने सूखेंगे।।

अगर तालाब न होंगे।
तो हम आबाद न होंगे।।

यही समझें, समझायें।
चलो अभियान चलायें।

अगर कल, कल, ये जल है।
तो फिर जीवन में कल है।।

बचेगा यदि ये पानी।
बचेगी तो ज़िन्दगानी।।

बात ये ना बिसरायें।
चलो अभियान चलायें।।

साहित्यकार
डॉ. सुनील त्रिपाठी निराला
भिण्ड, मध्यप्रदेश, भारत

हिलोर

झम्मक हिलोर लेत, गाँव-गली रे।
नाव चली कागज़ की नाव चली रे।।

भोरइ से पुरवा के झौंके चलत रहे।
दोपहर में गर्मी से बदरा बनत रहे।।
दिन डूबे हल्की-सी बारिस शुरू भई।
आधी निशा तक तो ऐसेइ चलत रही।।
भुनसारे मूसल-सी धार गिरी रे।
नाव चली कागज़ की नाव चली रे।।

भर गई है धुबयाई, खाई, तलैया।
जम गए उसारे में आल्हा गवैया।।
दादुर, कलापी, पपीहा पुकारे।
संगीत के साज़ झींगुर संवारे।।
वीरवधू करके श्रृंगार सजी रे।।
नाव चली कागज़ की नाव चली रे।

साँपन के बच्चन से किचुआ लगत हैं।
किचकिच गिजाई के टोला मिलत हैं।।
रिमझिम फुहारों में तन-मन जो भींगे।
बचपन के वो दिन भुलाए न भूले।।
धरती पे हरियाली दूब उगी रे।
नाव चली कागज़ की नाव चली रे।।

साहित्यकार
डॉ. सुनील त्रिपाठी निराला
भिण्ड, मध्यप्रदेश, भारत

दिल की आवाज

आओ सब मिलकर एक ऐसा घर बनायें।
जहाँ हर कोई बिना भेद-भाव एक दूजे को गले लगाये।।
भूला दो अपनी खलिश, जो बैठा है दिलों में, सब मिलकर गायें नगमे
मुहब्बत के, न बिछड़े हैं, न बिछड़ेंगे, मिलकर आज कसम खायें।
मोहब्बत के फूलों से सजा यें अपने घरों को, नजर ना लगे किसी दुश्मन
की, नफरत की नजरों से बचायें।।
उस को रब से दुआ मांगता हूँ, सब को ऐसा इन्सान बना दे।
हर आदमी-आदमी के काम आए, नफरत की दीवार मिटा दे।।
आज मुझपे यकीं नहीं है किसी को, एक दिन सबको यकीं दिला देंगें।
आप चाहे जितनी भी जफा करें, जफा के बदले हम सबको वफा सिला
देंगें।।
गुजर गई मुद्दत, नहीं हुई दीदार।
छोटी है जिन्दगी, किस खलिश ने किया बेजार,
एक इम्तिनान कर दे मेरे यार।।
तू मुझे भूला दे, मैं भी भूला दूंगा।
एक छोटा सा वादा है तुझसे, एक दिन तुझ को रुला दूंगा।।
मुहब्बत है वतन से, कसमखाई है महफूज रखने की।
सलामत रहे हिन्दुस्तां हमारा, नक्जे-अहद मेरे खूं में नहीं
वादा किया है तेरे शफत पे तबस्सुम रखने की।।

साहित्यकार
भोला शरण
नोएडा-150 (यू. पी)

गोदी में लोरी

मां अब समझा हूं जा कर,
तू हो ममता की सागर।
तेरी गोदी में लोरी,
पकड़ डुलाना भी डोरी।
होले होले मुस्काना,
सुलाना गीत भी गा कर।
अब समझा हूं जा कर,
तू हो ममता की सागर।
जरा सी चोट रो पड़ती,
ले गोद में सो पड़ती।
गाते- गाते भी लोरी,
अटूट बंधन की डोरी।
सुलाती हो दूध पिलाकर,
मां अब समझा हूं जा कर।
नन्ही पांव जब मैं उछाल,
पकड़ मुस्काता था बाल।
बिन चोट किये मुस्का कर,
चूमती अधर लट छुड़ा कर।
हंसती मां खूब ठठा कर,
मां अब समझा हूं जा कर।

साहित्यकार
योगेन्द्र प्रसाद अनिल
औरंगाबाद, बिहार

देश के बच्चे करे तरक्की

देश के बच्चे करे तरक्की,
होगी बात यह कैसे सच्ची।
जोर जुल्म की चले चक्की,
कैसे करेंगे बच्चे तरक्की।
एक तंत्र में चलते दो स्कूल,
एक एसी है दूजा फिजूल।
अमीरजादों हेतु सुविधा है,
गरीबजादों हेतु दुविधा है।
एक तरफ खूब लिट्टी चोखा है,
दूसरी तरफ खिचड़ी धोखा है।
अमीरजादों की किताबें अच्छी,
गरीबजादों की किताबें रद्दी।
देश के बच्चे करे तरक्की,
होगी बात यह कैसे सच्ची।
एक वतन एक लोकतंत्र है,
अन्तर भी क्यों शिक्षा मंत्र है।
जोर जुल्म अब भी आश्चर्य है,
जिन्दा यहां गुरू द्रोणाचार्य है।
एकलव्य तो बैठा रोता है,
दुर्भाग्यपूर्ण गठरी ढोता है।
बदलती नीति भी कूटनीति की,
दीन दलितों की अक्लें कच्ची।
देश के बच्चे करे तरक्की,
होगी बात यह कैसे सच्ची।

योगेन्द्र प्रसाद अनिल
औरंगाबाद, बिहार

बाल दिवस का महत्व

दुनिया का सबसे सच्चा समय,
दुनिया का सबसे अच्छा दिन,
दुनिया का सबसे हसीन पल,
सिर्फ बचपन में ही मिलता है।

सबके मन को भाते चाचा नेहरू,
बच्चों को हंसाते चाचा नेहरू,
दिल में भरा अनोखा प्यार,
करते वो बच्चों को प्यार बेशुमार।

बाल दिवस है चाचा का जन्मदिवस,
ये है हम सबको प्यारा,
काश आज भी होते हमारे साथ चाचा प्यारे,
इनका प्यार है सबसे न्यारा।

चाचा नेहरू आप को सलाम,
अमन शांति का दे पैगाम,
जंग के जंग से तूने बचाया,
किया अपना जन्म दिवस बच्चों के नाम।

साहित्यकार
राजेश्वरी बसवराज मेदार
कर्नाटक, भारत

मेरा आंगन

मेरा प्यारा सा सुंदर सा आंगन।
जहां मैं खेल कूद कर बिताया अपना बचपन।
गिल्ली डंडा, पिट्ठूल भौंरा,कंचा
खेल -खेल कर करता शोर शराबा
राम, रेहान,रेन्श, रीतिक सबकी टोली।
उछल कूद कर ,नये मित्रों से बढ़ाते हमजोली।
हार -जीत, प्यार -टकरार, कानाफूसी।
मुंह फुलाकर खेल छोड़ , मनाने पुचकारने की करते बेबसी।
आंगन मेरा फूलों की महक से सबको ललचाता है।
बच्चे तनिक से आंख बचाकर फूल पाकेट में छिपाकर ले जाते हैं।
मेरे आंगन में बच्चों की धमाचौकड़ी से सबका मनोरंजन हो जाता है।
किलकारियों से गूंजता मेरा आंगन, जो है सबका मनभावन।

साहित्यकार
डॉ.माधुरी त्रिपाठी
रायगढ़ छत्तीसगढ़

बाल व्यथा

बच्चे मन के सच्चे।
विचार इनके अच्छे।
सारे जग को हंसाते
यह भावना के अच्छे।
नयनों में इनके प्यार भरा।
बातों में सहकार भरा।
भावना में सच्चापन है।
जीवन सादा सरल है।
यह जन जन के प्यारे।

धर में इनसे खुशी है।
जीवन बगिया इन्हीं से है।
नीरसता का पता नहीं।
कलह की कोई जगह नहीं।
जीवन उत्साह से भरा है।
करूणा इनके रग रग में है।
यह रोतो को भी हंसाते।

बाल मन की ब्यथायें है।
अनाथों की अलग राहें है।
फुटपाथों पर भटकते है।
रोटी रोटी को तरसते हैं।
दुत्कारें मिलती है इन्हें।
कोई न प्रेम देता है इन्हे।
यह भटकते फूल है प्यारे।

जीवन का अभी पता नहीं।
इनकी कोई खता ही नहीं।
आंखें खोलते नाले में।
ममता धुट जाती दीवारों में।
लोक लाज के कारण अनाथ हैं।

अपनों से अपने अभिशप्त हैं।
जन्म से ही यह दुखियारे।

लड़का हो या लड़की।
बगिया महकें सबकी।
जीवन में खुशियाली हो।
संतान से कोई न खाली हो।
सबकी गोद भरी रहें।
करूणा सबमें धरी रहें।
प्यार का जीवन बच्चे ही सिखाते।

चिथड़ो में लिपटी मासूमियत।
करूणा से भरी भोली सूरत।
अहसास किसी के जुर्म का।
परिचय किसी के मर्म का।
बालक नहीं हस्ताक्षर वेशर्म का।
यह प्यारे न्यारे वे सहारे।

हमने मानवता को लुटते देखा।
भूख से पेट को सिमटते देखा।
नन्हीं से उम्र में चिंता की रेखा।
परिवार चलाने को खुद को पिसते देखा।
वह अमिट हाथों में चिंता की रेखा।
वे मजबूरी में भटकते द्वारे द्वारे।

सबको मां की गोद नहीं मिलती।
जीवन की खुशियां नहीं मिलती।
बचपन में ही नफरत है मिलती।
सुवह होकर शाम नहीं मिलती।
धृणा पात्र बन कर जीवन जीती।
हरपल हरक्षण वो दमभर रोती।
सिसकियां भरकर रोते वे सहारे।

हमने बचपन को लुटते देखा।

हमने जीवन को सिमटते देखा।
हमने हर पल चिंता को देखा।
हमने माता पिता को छिनते देखा।
हमने मजदूरों में बचपन देखा।
विनीत ने बचपन को सिसकते देखा।

साहित्यकार
डॉ. विनीत विधार्थी दर्शन शास्त्री
गायत्री शक्तिपीठ, आंवला, उत्तरप्रदेश

मेरा भारत देश महान

प्यारी-प्यारी मेरी बगिया
मेरी बगिया है हिंदुस्तान,
हम बच्चे इसकी संतान
मेरा भारत देश महान।।

पढ़कर हम बनें सिपाही,
बनेंगे हम सीमा के प्रहरी,
तिरंगे में बसती है जान,
मेरा भारत देश महान।।

हाथों में लहराए तिरंगा
बंदूक बने कंधे की शान,
भारत मां के वीर जवान
मेरा भारत देश महान।।

खून से सींचा है जिसको,
वतन की मिट्टी है महान,
ऐसी मिट्टी चंदन समान
मेरा भारत देश महान।।

साहित्यकार
डॉ. मिथिलेश कुमार श्रीवास्तव
क्रासिंग रिपब्लिक, गाजियाबाद

फूलों से करते प्यार

पीला-पीला है गेंदा,
लाल-लाल गुलाब।
सूरजमुखी है पीला,
गुड़हल लाल-लाल।।

बगिया में है खिलता,
सफेद काला गुलाब।
गुलाबी है और नीला,
दर्जनों रंग हैं गुलाब।।

सफेद होता मोगरा,
चमेली भी है सफेद।
पीला है डेफोडिल,
पीला ही गुलबहार।।

हरा होता डहेलिया,
नीला है आयरिस।
बच्चों की पसंद रंग,
फूलों से है हमें प्यार।।

साहित्यकार
डॉ. मिथिलेश कुमार श्रीवास्तव
क्रासिंग रिपब्लिक, गाजियाबाद

बिल्ली रानी आती है

बिल्ली रानी आती है,
दूध-मलाई खाती है।
मेरे हिस्से की रोटी,
बिल्ली रानी खाती है।

बिल्ली चुपके आती है,
एक झपट्टा लगाती है।
छोटी-छोटी चुहियों को,
झट से पार लगाती है।

वो दबे पांव आती है,
डागी को भरमाती है।
बिल्ली यूं शरमाती है,
गोद में चली आती है।

म्याऊं-म्याऊं करती है,
भूख लगे तो आती है।
दूध-रोटी वो खाती है,
कोने में छुप जाती है।

साहित्यकार
डॉ. मिथिलेश कुमार श्रीवास्तव
क्रासिंग रिपब्लिक, गाजियाबाद

मैं वीर बालक हूं हिंदुस्तानी

हिंसक पशुओं संग खेला मैंने,
मैं हूं राजा दुष्यंत की निशानी,
शेरों के हर इक दांत गिने मैंने,
मैं वीर बालक हूं हिंदुस्तानी।।

शकुन्तला का दूध पिया मैंने,
साहस, पराक्रम की निशानी।
नाम भरत मेरा मैं हिंदुस्तानी,
मैं वीर बालक हूं हिंदुस्तानी।।

आग-पानी से नहीं हम डरते,
ईश्वर भक्ति है मेरी निशानी।
नाम प्रह्लाद मेरा मैं हिंदुस्तानी,
मैं वीर बालक हूं हिंदुस्तानी।।

वासुदेव की भक्ति हम हैं करते,
नभ का ध्रुवतारा मेरी निशानी।
नाम है ध्रुव मेरा मैं हिंदुस्तानी,
मैं वीर बालक हूं हिंदुस्तानी।।

साहित्यकार
डॉ. मिथिलेश कुमार श्रीवास्तव
क्रासिंग रिपब्लिक, गाजियाबाद

अब आ गई हम बच्चों की बारी

पुरखों के लगाए पेड़ कट रहे हैं,
जंगलों के भालू-शेर घट रहे हैं,
फिर तो आ जाएगी अपनी बारी।
प्रकृति संरक्षण की लें जिम्मेदारी,
अब आ गई हम बच्चों की बारी।।

गांवों से लोग अब तौबा कर रहे हैं,
पेड़ काटकर अब शहर बन रहे हैं,
जिंदगी हो जाएगी बदतर हमारी।
प्रकृति संरक्षण की लें जिम्मेदारी,
अब आ गई हम बच्चों की बारी।।

विकास का कैसा दंभ भर रहे हैं,
भविष्य का सपना भंग कर रहे हैं,
बंद हो जाएंगी फिर सांसें हमारी,
प्रकृति संरक्षण की लें जिम्मेदारी,
अब आ गई हम बच्चों की बारी।।

कुछ धरती का दोहन कर रहे हैं,
कुछ प्रकृति का शोषण कर रहे हैं,
प्रकृति संरक्षण दिवस की लाचारी।
प्रकृति संरक्षण की लें जिम्मेदारी,
अब आ गई हम बच्चों की बारी।।

साहित्यकार
डॉ. मिथिलेश कुमार श्रीवास्तव
क्रासिंग रिपब्लिक, गाजियाबाद

आज की बेटी

खेतों से खलिहानों तक,
आटो से वायु यानों तक।
आज की बेटी पहुंच गई,
मंगल व चंद्रयानों तक।।

विद्यालय से कालेजों तक,
इंजीनियर से डाक्टर तक।
आज की बेटी पहुंच गई,
आईएएस आईपीएस तक।।

सदस्य से ग्रामप्रधानी तक,
विधायक से मुख्यमंत्री तक।
आज की बेटी पहुंच गई,
सांसद से प्रधानमंत्री तक।।

शिक्षक से वैज्ञानिक तक,
लेखक से कवयित्री तक।
आज की बेटी पहुंच गई,
गवर्नर से राष्ट्रपति तक।।

साहित्यकार
डॉ. मिथिलेश कुमार श्रीवास्तव
क्रासिंग रिपब्लिक, गाजियाबाद

ध्यान देते हैं हम सफाई पर

उठकर रोज सबेरे ब्रश करते,
साबुन लगाकर करते स्नान।
साफ सुथरे हम कपड़े पहनते,
साफ सफाई का रखते ध्यान।।

झाड़ू पोछा मेरी मम्मी करतीं,
घर आंगन को हैं साफ रखतीं।
हम सबके हैं वो कपड़े धोती,
बेड शीट भी हैं वही बदलती।।

कार की धुलाई पापा करते,
घास निकालते हैं लॉन की।
नाखून कटवाती मैं पापा से,
जूते का पॉलिश खुद करती।।

सड़क की सफाई अंकल करते,
अंकल ही कूड़ा हैं लेकर जाते।
घर में है डस्ट बिन की बाल्टी,
सारे कचड़े मैं उसी में डालती।।

कूड़ा करकट अलग हैं रखते,
डस्ट बिन में ही कूड़ा डालते।
घर, स्कूल हो या हो शॉपिंग,
ध्यान देते हैं हम सफाई पर।।

साहित्यकार
डॉ. मिथिलेश कुमार श्रीवास्तव
क्रासिंग रिपब्लिक, गाजियाबाद

दोस्तों के साथ

सारे बच्चों के लिए अब पढ़ना - लिखना सबसे जरूरी हो गया।
गलियों में भटकता कोई अकेला बच्चा स्कूल में आकर जिंदगी की राह पर
दोस्तों के साथ चल पड़ा।।
स्कूल दिनभर के लिए सारे बच्चों की धर्मशाला है।
यह ज्ञान का मंदिर है।।
यहां बच्चे रोज रोज सुबह में हाथ जोड़ कर प्रार्थना करते।
वे दिनभर अपने माता -पिता के हृदय में बसते।।
शाम में बच्चे दोस्तों के साथ खेलने के लिए घर से निकलते,
सबकी ज़िंदगी के बारे में सोचते हुए बातें करते।
खूब हंसते लोगों को दुख में देखकर।।
हिमालय की तरह पिघल जाते।
उनकी आंखों में आंसू छलक आते।।

साहित्यकार
राजीव कुमार झा
लखीसराय, बिहार

पुस्तक से मुझे प्यार है

पुस्तक से मुझे प्यार है, उसमें ज्ञान का भंडार है।
पुस्तक होती है अनमोल, बिना बोले ही देती बोल।
पुस्तक देती हमको ज्ञान, जब होता मन परेशान।
पुस्तक में होती नई-नई खोज, जो देती हमें नई सोच।
पुस्तक में रहता इतिहास, जिससे होता हास-परिहास।
पुस्तक संगी-साथी की कमी पूरी करती सारी उदासी दूर कर देती।
पुस्तक मन को बहलाती, मित्र बन हर समस्या का निदान कर देती।
पुस्तक जन्मदिवस पर हम उपहार में देते हैं।
पुस्तक उपहार में पाकर मन पुलकित हो जाते हैं।

साहित्यकार
डॉ.माधुरी त्रिपाठी
रायगढ़ छत्तीसगढ़

बाल दिवस

दिन सप्ताह औ मास रहे पुनि साल शदी जेहि गनक गनाये।।
सब कर मालिक भिन्नु भिन्न परमेश्वर नायक याहि बताए।।
मुल यहु मानुष स्वारथ खातिनु औरहु वाहि विशेष गनाए।।
भाखत चंचल मात पिता मजदूर बहू अरु बाल हु गाये।।1।।
कौनौ दिवस कह मातु कहें अरु कौनौ दिना मजदूर गनाए।।
लेकिन मानुष आजु तौ बस हौ बाल दिवस हित लेखनि धाए।।
नेहरू रहे एहि नायक देश स्व जन्म दिवस जेहि बाल बताए।।
सोचिये धरे मन चंचल मा कहूँ मानव मोहि ए भूल न जाए।।2।।
बने इतिहास मा कारन निज जन्म दिवस कॅह बाल बताए।।
पटेल न होते तौ वा नेहरू कश्मीर दशा कस बात न आए।।
सोमनाथहु आदिक अन्य दशा तेहिका यहु मानुष भूलत भाए।।
भाखत चंचल सोच हिया निज जन्म दिवस को ही बाल कहाए।।3।।
स्वारथ फॅद फॅसे यहु मानुष काल गति जू बखानि न जाए।।
हिन्द दशा विपरीत गही अरु हिन्दुस्तान को हिन्दू न पाए।।
इतिहासहु मिथ्या लिखाए सदा यही बात ई मानुष जान न जाए।।
भाखत चंचल कारन एहि वहु जन्म दिवस निज बाल कहाए।।4।।
बाल दिवस वो ही धन्य रहा जेहि दिन दुइ बालक दीन्हि चुनाए।।
निज देश की खातिनु प्रान दये केहि कारन हौ तेहि भूलत जाए।।
वर्तमान प्रधान जु बात कहै अरु ताहि दिना को ही बाल बताए।।
भाखत चंचल साचहु बात कहै औ देश इहौ वहि बाल गहाए।।5।।

साहित्यकार
रमेश कुमार द्विवेदी
चंचल, सुलतानपुर, उत्तर प्रदेश

बचपन

बचपन कितना सरल सुहाना,
काश, अगर यह रहता हरदम।।
खेलो, खाओ, पढ़ो औ घूमो,
ना कोई चिन्ता, बस अपनापन।।
काश, मित्र ये बड़े न होते,
मिलता बस केवल अपनापन।।
दुख सुख आते न यदि जीवन,
होता हर पल सदा सुहावन।।
खेल खेल मे बनते घर थे,कभी
भी उड़ते नीलगगन हम।।
काम काज न व्यापी चिन्ता,
केवल मनमाना मन हरदम।।

काश,अगर हम बड़े न होते,
बचपन मे रहते हम सब जन।।
किस्से दादी दादा के सुनते,
शेर चाल मे चलते हरदम।।
हुए बड़े बस व्यापी चिन्ता,
हो जाये बस कितना ही धन।।
हजार कमाओ, लाख जुरूरत,
सुरसा सा मुंह बाए हरदम।।
कैसा सुन्दर सरल था बचपन,
काश,वही पल रहता हरदम।।
चंचल जीवन बीता रीता,भरा
नहीं अब भी मेरा मन।।
काश,प्रभु लौटाते बचपन,
सरल,सुहाना, सीधा सा मन।।

साहित्यकार
रमेश कुमार द्विवेदी
चंचल, सुलतानपुर, उत्तर प्रदेश

मन की बात

औरों के मन की बात क्या करूँ
जब मेरे ही मन में छिपी है बातें
इधर-उधर क्यों ताकझांक करूँ
यहीं जहाँ-तहाँ बिखरी है बातें

उम्र के इस दौर पर आते-आते
कितने खट्टे-मीठे दौर से गुजरे
कुछ तो थे बहुत ही दुखदायी
कुछ के साथ तो मजे से गुजरे

कुछ तो आये थे इस मोड़ तक
कुछ बीच राह में छोड़ चल दिये
कुछ थे समस्याओं से लदे हुए
कुछ समस्याओं के निदान दिये

हम उन सबके प्रति आभारी हैं
जिनके व्यवहार से दुनियाँ जानी
कोई मुश्किल में साथ छोड़ गया
कुछ ऐसे में साथ देने की ठानी

जीवन में सब भला ही भला हो
ऐसा तो हम सोच ही नहीं सकते
पर इन सबके व्यवहार से अब
अच्छा-बुरा नीर-क्षीर कर सकते

मत सोचिये आप सबसे हैं अच्छे
आपसे भी अच्छे बहुत ही भरे हैं
कुछ आपको अच्छा मानता है
क्योंकि आप उनसे बहुत ही परे है

आपकी बातें कुछ को हों भाती

कुछ को भाये औरों की ही बातें
सबकी सोच अलग-अलग है होती
फिर तो अलग-अलग होंगी ही बातें

आप प्रशंसा यदि औरों से हैं चाहते
तो आप प्रशंसा औरों की कीजिये
स्पष्ट है ये आदान-प्रदान की बातें
औरों से पाईये तो औरों को दीजिये

साहित्यकार
बाल मुकुन्द द्विवेदी
पटना, बिहार, भारत

आँखों के तारे

बच्चों की किलकारी से
आती रौनक घर घर में
गुलशन ये गुलजार न होता
गर बच्चों से प्यार न होता
होते हैं ये मन के सच्चे,
कितने प्यारे कितने अच्छे
माता-पिता के आँख के तारे
लगते हैं ये सब को प्यारे
बाल दिवस मनाते हैं,
बच्चों को राह दिखाते है
तुम्हीं अभिमान हो
हक सर्वोपरि है तुम्हारा,
तुम्हीं से है हिन्दुस्तान
तुम जीवन का अभिमान हो
तेरा देश प्रेम महान हो
कली से जब फूल बनोगे,
कर्जदार सारा हिन्दुस्तान हो
ये जिन्दगी फिर वापस कहाँ मिलती है।
हर कोई अपने हालातों से मजबूर होता है।
बाल दिवस का रिश्ता "मोती"
और हर दोस्त कोहिनूर होता है।

साहित्यकार
भोला शरण
नोएडा-150 (यू. पी)

वरदायिनी

तेरे आगमन से ही
जीवन सार्थक हो गया।
हर पल, हर क्षण
हर घर में जिसका
स्वागत ही स्वागत हो गया।

एक मंद स्मित सा
स्पर्श तुम्हारा पाकर
मेरे डाल की कली
तेरा स्वागत हो गया।

खिली-खिली सी
मोहक सांसे तेरी
मेरे अंतर्मन को छु गयी
तेरा स्वागत हो गया।

नन्ही तेरा जीवन
कोमल काया बचपन की
लातों से तुने मुझे जगाया
सुबह, मेरे पल की।

मेरे धरातल की तु शान
मेरे मधुबन की तु खूशबू
मेरे धड़कन का अभिमान
मेरे जीवन की तू जान।

याद आता वो लड़कपन
पिछे रह गया, मेरा बचपन
जो देते दोनों होथों से ताल
हमें देखकर सब बेहाल।

बेटी तेरे खुशी की खातिर
हर बच्चा मचल रहा था
पत्थर दिल का शैतान भी
कतरा-कतरा पिघल रहा था।

बेटी, मेरी आन, बान, शान
तू ईश्वर का सम्मान
कोरे कागज का दिल मेरा
हमने पाया ईश्वरीय वरदान।

साहित्यकार
डा. रमेश एम. सुजे
बेलगांम, कर्नाटक, भारत